DE

L'USURPATION DE NOM

DEVANT LES

JURIDICTIONS D'INSTRUCTION ET DE RÉPRESSION

PAR

Ad. BOYER

JUGE D'INSTRUCTION AU TRIBUNAL DE FOIX.

PARIS

ERNEST THORIN, ÉDITEUR

Libraire du Collège de France, de l'École normale supérieure,
des Écoles françaises d'Athènes et de Rome

7, RUE DE MÉDICIS, 7

1880

DE L'USURPATION DE NOM

DEVANT

LES JURIDICTIONS D'INSTRUCTION ET DE RÉPRESSION

Extrait de la *Revue générale du droit.*

TOULOUSE. — IMP. A. CHAUVIN ET FILS, RUE DES SALENQUES, 28.

DE

L'USURPATION DE NOM

DEVANT LES

JURIDICTIONS D'INSTRUCTION ET DE RÉPRESSION

PAR

Ad. BOYER

JUGE D'INSTRUCTION AU TRIBUNAL DE FOIX.

PARIS

ERNEST THORIN, ÉDITEUR

Libraire du Collège de France, de l'École normale supérieure,
des Écoles françaises d'Athènes et de Rome
7, RUE DE MÉDICIS, 7

1880

DE L'USURPATION DE NOM

DEVANT

LES JURIDICTIONS D'INSTRUCTION ET DE RÉPRESSION

Peu de questions de droit criminel ont subi des phases aussi diverses. Parmi ceux qui s'en sont occupés, il en est qui ont décidé que le fait de prendre et de signer un faux nom n'était pas criminel et rentrait dans le droit légitime de la défense. Parmi ceux qui pensent, au contraire, que c'est là un acte criminel, les uns subordonnent l'existence du crime à la confection d'une signature, les autres le tiennent pour constant malgré l'absence de cet élément matériel. Les premiers saisissent le crime dans les interrogatoires de l'instruction qui seuls peuvent être signés par l'inculpé; parmi ceux-ci les uns ne se préoccupent pas du point de savoir si le nom usurpé appartenait à autrui ou était un nom imaginaire, les autres ne considèrent le fait comme criminel que si le nom usurpé appartenait à autrui. Parmi les seconds il en est qui ne considèrent le crime comme consommé et punissable qu'après une décision judiciaire définitive. Quant à nous, suivant l'esprit et même la lettre des derniers arrêts de la Cour suprême, nous pensons qu'il n'y a faux criminel que lorsqu'il y a usurpation du nom d'autrui sciemment accomplie, mais qu'il n'importe que ce nom ait été signé; nous estimons aussi que le faux peut être commis dans les interrogatoires au cours de l'instruction, et sans qu'il soit nécessaire que le faux se soit reproduit dans l'interrogatoire à l'audience.

Après avoir énuméré les diverses solutions que nous avons pu recueillir, nous exposerons sommairement les motifs de notre opinion.

En 1826, par deux arrêts des 29 avril et 1er septembre, la Cour de cassation décida que le fait de prendre et de signer un faux nom ne constituait ni crime ni délit, sans se préoccuper du point de savoir si le faux nom était purement imaginaire, ou appartenait à autrui : « Attendu, dit-elle dans le premier de ces arrêts, que le prévenu, arrêté et traduit devant le juge d'instruction pour subir un interrogatoire, n'est pas astreint par la loi à déclarer ce qui pourrait être à sa charge, et que les mensonges qu'il emploie pour se disculper, rentrant à son égard dans le cercle d'une défense qu'il croit nécessaire, n'ont aucun caractère de criminalité. »

Le 2 avril 1855, la Cour de cassation décida qu'il y avait crime de faux dans le cas où l'accusé avait pris le nom d'une personne déterminée, sans distinguer si l'accusé avait ou non signé, et par les motifs suivants : « Attendu que si un inculpé n'est pas astreint par la loi à déclarer ce qui pourrait être à sa charge, et si les mensonges qu'il emploie pour se disculper peuvent trouver leur excuse comme rentrant dans le cercle du droit de la défense, néanmoins l'exercice de ce droit ne saurait aller jusqu'à l'usage de moyens constituant des crimes ou des délits ; — attendu que si les règles d'ordre public qui, dans l'intérêt de la justice et de l'humanité, donnent à la défense la plus grande latitude, ne permettent pas de considérer comme constituant le crime de faux, les mensonges d'un prévenu qui prend un nom supposé dans son interrogatoire pour cacher son individualité, lorsque les résultats de cette usurpation de nom n'ont d'autre but et ne peuvent avoir pour effet que d'égarer la justice, il n'en peut être ainsi lorsque l'attribution que se fait le prévenu de ce faux nom, et les circonstances qui l'accompagnent sont de nature à porter préjudice à des tiers ; — attendu qu'on ne saurait dire en ce cas qu'il n'y a pas intention criminelle parce que le faux n'aurait pas été commis avec l'intention de porter ce préjudice, l'intention criminelle résultant de la volonté de commettre l'action incriminée et ne ressortant pas du préjudice lui-même, bien que celui-ci soit un des éléments constitutifs du crime de faux. »

Le 2 juillet 1857 intervint un arrêt de cassation, basé sur ce qu'il n'était pas constaté que l'accusé eût pris le nom d'un individu réellement existant.

Le 1er juillet 1858 nouvel arrêt plus juridique dans ses motifs : « Attendu que Dubosc était poursuivi pour vagabondage ; que l'instruction dirigée contre lui devait établir son identité et que prendre un faux nom pour tromper sur cette identité c'était tromper sur la vérité d'un fait que le jugement avait pour objet de constater ; — attendu que l'usurpation d'un nom commise dans une poursuite judiciaire peut présenter le crime de faux, lorsque ce nom s'applique à un individu déterminé, connu de l'accusé, et que pour cet individu il a pu résulter de cette fraude intentionnelle un préjudice quelconque. »

Le 28 novembre 1861, arrêt conforme.

Le 8 décembre 1870, autre arrêt de la Cour suprême dans le même sens, mais avec cette précision que le faux existe aussi bien lorsque le prévenu n'a pas signé ses interrogatoires que lorsqu'il les a revêtus de sa signature, et que le faux résulte de ce que, soit dans le procès-verbal, soit dans les interrogatoires devant le juge d'instruction, soit dans les interrogatoires devant le tribunal et devant la Cour, l'accusé a pris faussement et frauduleusement un nom qu'il savait appartenir à autrui.

Le 4 décembre 1873 intervenait un autre arrêt de la Cour de cassation qui prouve combien les principes en cette matière sont encore peu fixés. Il est ainsi conçu : « Attendu qu'un inculpé ne commet pas de faux présentant un caractère de criminalité punissable quand, à l'occasion de la poursuite dans laquelle il est impliqué et dans un intérêt de défense, il cache son individualité sous un nom supposé, lors même qu'il signe de ce nom ses interrogatoires ; mais qu'il en est autrement du cas où le faux nom est celui d'un individu réellement existant et où l'inculpé qui l'usurpe compromet sciemment la personne de ce tiers et l'expose à subir un préjudice ; — attendu que les questions résolues affirmativement demandaient seulement au jury si Derche était coupable d'avoir, à Versailles et à Rambouillet, apposé la fausse signature Petel au bas de divers interrogatoires par lui subis devant les juges d'instruction de ces sièges ; que les faits ainsi déclarés ne renfermaient pas tous les éléments constitutifs du crime de faux... Mais attendu que l'élément du préjudice causé à un tiers se trouvait énoncé dans l'arrêt de renvoi qui indique que Petel est un individu réellement existant, cousin germain de l'accusé qui aurait sciemment usurpé son nom ; que cet élément n'a pas été compris dans les questions posées, qu'ainsi l'accusation n'a pas été purgée... casse... »

Le 27 février 1875 la Cour de Toulouse a rendu un arrêt qui précise bien les caractères du faux. La Cour met en accusation le sieur Chéri-Eugène Prouet comme accusé d'avoir, le 17 mars 1874, en prenant devant la Cour d'assises de Tarn-et-Garonne, où il comparaissait comme accusé de vols qualifiés, les nom et prénoms de Lenouvel Julien-Pierre-Jean, né à Rennes, dont il connaissait l'existence, fait attribuer audit Lenouvel les crimes qui lui étaient imputés et les condamnations qui en ont été la conséquence, et d'avoir ainsi altéré, par cette fausse déclaration et l'attribution qu'il s'est faite desdits nom et prénoms, les faits que l'arrêt rendu par la Cour d'assises, ledit jour, avait pour objet de constater.

La jurisprudence paraît donc fixée dans ce sens que le fait de prendre sciemment le nom d'un tiers, dans le procès-verbal, dans les interrogatoires et devant le tribunal ou la Cour, constitue le crime de faux, et sans qu'il importe que le prévenu ait ou non signé de ce faux nom.

MM. Chauveau et F.-Hélie ont posé ainsi dans leur *Théorie du code pénal* les vrais principes : « Le troisième mode de perpétration du faux a lieu par addition ou altération de clause, de déclarations ou de faits que les actes ont pour objet de recevoir et de constater. — La première conséquence à déduire de ce texte est que le crime n'existe qu'autant que le faux porte sur des faits que l'acte a pour objet de constater... — Il résulte du texte de la loi que l'al-

tération de faits ou de déclarations, dans les actes qui ont pour objet de les recevoir, peut avoir lieu soit par l'altération même de l'écriture de ces actes, soit par
de fausses déclarations devant les officiers qui les rédigent, soit par supposition de
personnes. — L'altération a lieu par fausses déclarations dans des actes destinés
à les recevoir toutes les fois qu'une personne altère les faits devant un officier
public chargé de rédiger l'acte qui doit les constater. — Il y a faux par supposition de personnes dans le sens du dernier paragraphe de l'art. 147, toutes les fois
qu'une personne comparaît sous le nom d'un tiers devant un officier public, et
donne lieu sous ce faux nom à des écritures dans un acte public. »

Dans ses *Etudes pratiques sur le Code pénal*, M. Blanche a cri-
tiqué la dernière jurisprudence de la Cour de cassation, et a
émis l'avis qu'il n'y avait faux criminel que lorsque l'inculpé
avait souscrit un interrogatoire d'une fausse signature, sans
qu'il y eût à distinguer si le nom ainsi signé était purement
imaginaire ou était celui d'une personne déterminée. Ce ne se-
rait donc que devant le juge d'instruction ou devant le procureur de la République, procédant en cas de flagrant délit, que
le crime pourrait être commis; puisque ce n'est que là que l'inculpé est appelé à signer ses interrogatoires, et ce crime ne
pourrait être commis que par ceux qui sauraient et qui vou-
draient signer. Ce système est évidemment inadmissible.

Une autre question fut soumise, le 29 juin 1872, à la Cour de
Toulouse. Dans tous les systèmes que nous venons de parcourir
il s'agissait de prévenus ou d'accusés qui avaient soutenu leur
fausse identité jusqu'après le jugement ou l'arrêt. La Cour de
Toulouse fut appelée à décider si le fait de prendre sciemment
le nom d'autrui dans le procès-verbal et les interrogatoires devant le juge d'instruction, constitue le crime de faux, lorsque
par le fait de l'instruction l'identité vraie de l'inculpé est établie
et que par conséquent le faux n'a pas été commis dans un jugement ou un arrêt. La Cour se prononça pour la négative, et dans
les termes suivants : « Attendu, quant au second faux relevé par l'ordon-
nance, que si Durand, arrêté à Rieumes le 1er février 1872 en flagrant délit de tentative de vol, a, au moment de son arrestation, ainsi que dans ses interrogatoires
des 2 février et 11 mars, devant M. le juge d'instruction de Muret, pris faussement
et frauduleusement, sachant qu'il appartenait à autrui, le nom de François Subra,
aucun préjudice moral ou matériel n'a été en fait causé à ce dernier, Durand ayant
bientôt reconnu, dans le cours même de l'information, la fausseté de sa déclaration,
que dès lors c'est le cas de déclarer qu'il n'y a lieu à suivre contre lui à raison de
ce chef de prévention. »

La théorie de cet arrêt et la théorie de M. Blanche sont contradictoires. L'un ne voit le faux criminel que dans la souscrip-
tion d'un faux nom aux interrogatoires au cours de l'instruction;

l'autre ne voit le crime que dans l'allégation du nom d'un tiers au moment de la décision, lorsque le prévenu ou l'accusé ne sont pas appelés à signer. Ces systèmes, quoique contradictoires, sont erronés l'un et l'autre ; celui de l'arrêt, parce qu'il ne s'est préoccupé que du préjudice causé, sans considérer le préjudice possible ; celui de M. Blanche, par une confusion entre la constatation de l'identité et l'interrogatoire proprement dit. La vraie solution de la question est dans la jurisprudence de la Cour de cassation sainement entendue.

Le système de M. Blanche est formellement condamné, et avec raison, par l'arrêt du 8 décembre 1870 ; la signature est sans importance pour l'appréciation du faux. L'affaire Durand, dans laquelle intervint l'arrêt du 29 juin 1872, prouve combien les conséquences de ce système seraient déplorables s'il était juridique. Durand croyait, en effet, en ne signant pas, ne pas pouvoir être atteint ; aussi déclarait-il toujours, lorsqu'il prenait un faux nom, qu'il ne savait pas signer. Si ce système avait prévalu, ceux qui l'auraient connu et les illettrés auraient échappé à la répression qui aurait atteint les autres. Des conséquences aussi monstrueuses prouvent que le système est faux ; il n'y a qu'à rechercher par où il pèche.

M. Blanche, prenant le code pénal, déclare le fait punissable lorsqu'il a été littéralement prévu par le texte et seulement alors. D'après lui, cette hypothèse ne se réalise que lorsque le prévenu a apposé une fausse signature au bas d'un interrogatoire, que le nom soit imaginaire ou usurpé, et ce par application des dispositions de l'art. 147, § 1er du code pénal, c'est-à-dire par contrefaçon ou altération d'écritures ou de signatures. Il soutient que le dernier paragraphe de cet article, qui prévoit l'addition ou l'altération de clauses, de déclarations ou de faits que ces actes avaient pour objet de recevoir et de constater, n'est pas applicable, et il critique la jurisprudence de la Cour suprême qui l'a admis. Mais quel est le principe sur lequel il critique cette jurisprudence ? C'est la définition de l'interrogatoire :

« Quoique le code d'instruction criminelle, dit-il, ne détermine pas le caractère de l'interrogatoire, il est néanmoins facile de s'en rendre compte : cet acte est un moyen d'instruction et un moyen de défense ; il a pour objet de recueillir les demandes du juge et les réponses de l'inculpé et d'indiquer ce qu'elles ont été. Il certifie bien qu'elles ont eu lieu comme il les a enregistrées, mais sa certification ne va pas au delà ; il ne certifie pas que les réponses de l'inculpé sont conformes

à la vérité... La supposition de personne que l'inculpé s'est permise n'altère donc
pas la vérité d'un fait que la constatation du juge a la vertu de rendre authentique...
Ce que je dis de l'interrogatoire subi devant le juge d'instruction, je le dis égale-
ment des interrogatoires passés devant les cours d'assises et les tribunaux correctionnels. »

Si cette thèse était vraie, la jurisprudence aurait fait fausse
route; mais c'est la thèse elle-même qui est erronée et qui n'en-
gendre que des conséquences inadmissibles. La seule difficulté
consiste à préciser en quoi cette thèse est fautive, difficulté non
abordée et par conséquent non résolue, que nous sachions,
jusqu'ici.

Il est incontestable que l'inculpé, le prévenu, l'accusé peuvent mentir impunément dans leurs réponses, que l'interrogatoire ne certifie pas que ces réponses sont conformes à la vérité ; mais il ne faut pas confondre l'interrogatoire proprement
dit avec la constatation de l'identité, la défense avec la constatation de celui qui se défend. Cette distinction, le bon sens la
fait, et la loi après lui. L'article 310 du code d'instruction criminelle porte, en effet, que le président demandera à l'accusé
son nom, ses prénoms, son âge, sa profession, sa demeure et
le lieu de sa naissance. Est-il possible de dire que le procès-
verbal et l'arrêt constatent simplement les réponses de l'accusé
à ces questions et n'ont pas pour but, pour effet, de constater
que l'individu portant ces nom, prénoms, etc., est bien celui
que l'arrêt a frappé? Un des objets de l'arrêt n'est-il pas de
déterminer l'individu qu'il punit? Contre qui, en effet, l'arrêt
sera-t-il exécuté quant aux frais? Si le condamné s'évade, qui
sera recherché? Sur qui sera inscrite la condamnation au casier
judiciaire?

La distinction entre la constatation de l'identité et l'interrogatoire proprement dit est si bien dans l'esprit de la loi que
nous trouvons une distinction analogue relativement aux témoins. L'article 317, C. inst. crim., porte en effet : ... « Le
président leur demandera leurs noms, prénoms, âge, profession, etc... *Cela fait, les témoins déposeront oralement.* » La
constatation de l'identité est donc distincte de la déposition. Un
arrêt de la Cour suprême du 26 avril 1838 (*Bull.* 158) l'a posé
en thèse.

Cette distinction est si évidente que la question de savoir si
le témoin qui prend un faux nom commet un faux-témoignage

a été controversée ; on a soutenu, en effet, en se basant sur ce texte, que le nom ne faisait pas partie de la déposition.

M. Blanche assimile lui-même les interrogatoires subis devant le juge d'instruction à l'interrogatoire devant la Cour d'assises ou le Tribunal correctionnel ; les mêmes principes leur sont applicables, dit-il ; mais c'est pour refuser aux uns et aux autres les caractères qui pourraient constituer le crime de faux, à moins d'apposition d'une fausse signature. Il faut dire, au contraire, que cette assimilation doit être admise au point de vue du faux intellectuel qui nous occupe, parce que les uns et les autres produisent les résultats les plus graves. Si l'inculpé n'est pas retenu, et que plus tard, au cours de l'instruction, un mandat d'amener soit décerné, contre qui le sera-t-il ? Contre celui dont l'inculpé a pris le nom ; si l'inculpé s'évade, contre qui sera décerné le mandat d'arrêt, qui sera recherché, qui sera jugé par défaut, qui sera arrêté ? L'individu dont l'inculpé a pris le nom.

Comment concevoir que les interrogatoires et les jugements n'impriment pas le cachet d'une vérité authentique à l'indication du nom de l'individu qu'ils concernent ? Mais alors les mandats, les jugements, les arrêts ne devraient avoir d'autre effet que de constater qu'*un individu* doit être arrêté, qu'*un individu* a été condamné, et une procédure spéciale devrait exister pour établir qu'ils se rapportent à l'individu contre qui on veut les exécuter. Si en effet la constatation de l'interrogatoire, du jugement, de l'arrêt n'ont pas le cachet d'une vérité authentique quant au nom, comment comprendre qu'on appréhende au corps un homme, parce qu'il sera certain simplement qu'un individu quelconque a décliné son nom, ce qu'il a pu faire sans violer la loi ? Et l'on veut que ce ne soit pas là une constatation authentique ?

Le cercle de la défense doit être très large, mais il ne doit pas dépasser la limite extrême que le bon sens impose au citoyen, quelle que soit la sphère dans laquelle il se meut : liberté, mais respect de la liberté d'autrui. Est-il permis à l'inculpé de rejeter sur un autre le crime ou le délit qu'il a commis ? Sera-ce un simple mensonge que de persuader au juge d'instruction et ensuite au Tribunal qu'un innocent a commis le fait incriminé ? La défense a des limites, et s'emparer du nom d'autrui, c'est s'emparer de la propriété la plus respectable pour la salir. Quel est le résultat de cette usurpation ? C'est toujours un dommage moral considérable et souvent un dommage matériel des plus graves. C'est donc par une interprétation judaïque de la loi qu'on arrive aux résultats étranges produits par le système de M. Blanche ; c'est surtout par la conception erronée de l'interrogatoire en tant que l'on confond la constatation de l'identité avec l'interrogatoire proprement dit. La Cour de cassation a très nettement établi ce dernier point dans l'arrêt du 1er juillet 1858 en décidant que prendre un faux nom pour tromper sur son identité, c'est tromper sur la vérité d'un fait que le jugement a pour objet de constater. Il est, en effet, certain que l'interrogatoire ainsi caractérisé en ce qui touche la constatation de l'identité, l'article 147 est applicable dans la disposition finale.

Le faux nom dans les procès-verbaux, les interrogatoires au cours de l'instruction, les interrogatoires devant les Tribunaux correctionnels, les Cours d'appel et les Cours d'assises, constitue donc le crime de faux, lors même qu'il n'y a pas contrefaçon de signature, pourvu que le fait réunisse les autres éléments constitutifs du faux criminel.

C'est encore une erreur condamnée par la Cour de cassation que de voir le faux criminel dans le fait isolé d'une signature fausse, lorsque le nom signé est un nom imaginaire. Le fait matériel ne peut à lui seul constituer le crime ; l'intention criminelle seule lui donne naissance ; or, quelle intention criminelle y a-t-il chez l'individu qui, pour échapper aux peines de la récidive ou à l'aggravation résultant de condamnations antérieures, prend un nom imaginaire ? Quel préjudice d'ailleurs a-t-il causé ou pu causer ?

On doit donc dire que la signature est un fait indifférent, mais qu'au contraire la réalité du nom usurpé est une condition essentielle de l'existence du faux criminel.

La Cour de Toulouse a-t-elle fait une saine application de ces principes dans l'arrêt du 29 juin 1872 ? Faut-il, comme elle l'a jugé, une décision judiciaire pour qu'il y ait faux punissable ?

Cette doctrine est d'abord en contradiction avec les principes soutenus par M. Blanche : celui-ci ne poursuit que les faux commis dans les interrogatoires signés, mais il ne subordonne pas l'existence du crime à l'événement ultérieur d'une décision judiciaire. Il assimile avec raison les interrogatoires devant le juge d'instruction aux interrogatoires devant le Tribunal correctionnel ou la Cour d'assises. On ne voit pas, en effet, ce qui pourrait constituer une différence; si les derniers ont pour premier objet de constater l'identité du prévenu, il en est de même des premiers; si le faux nom dans les uns constitue un faux criminel, il le constitue dans les autres.

Cette doctrine est aussi en contradiction avec les termes de l'arrêt de la Cour suprême du 8 décembre 1870, qui pose en thèse que le faux résulte de ce que, soit dans le procès-verbal soit dans les interrogatoires devant le juge d'instruction, soit dans les interrogatoires devant le Tribunal et la Cour, l'accusé a pris faussement et frauduleusement un nom qu'il savait appartenir à autrui.

Du reste, l'arrêt du 29 juin 1872 n'a pas formellement contesté ces principes. Il a refusé de mettre Durand en accusation de ce chef en disant seulement qu'il n'avait, en prenant le nom de Subra et en reconnaissant le fait au cours de l'instruction, causé à ce dernier aucun préjudice matériel ou moral; il a simplement jugé en fait; mais même en jugeant en fait, il a méconnu les principes les plus certains en cette matière.

Que veulent dire les auteurs et les arrêts qui rangent le préjudice au nombre des circonstances constitutives du crime? C'est qu'en commettant l'acte incriminé, l'agent a su qu'il pourrait ainsi occasionner un préjudice. Il faut remarquer, en effet, que ce n'est pas seulement le préjudice consommé qui est considéré comme un élément du crime, mais le préjudice possible. Or et en fait cette circonstance ne se retrouvait-elle pas dans l'espèce? Quel préjudice Durand pouvait causer, la peut-être ultérieurement causé, à celui dont il a pris le nom. Des renseignements ont été recueillis à Bordes (Ariège) sur le compte de Subra, inculpé de vol; c'est le pays d'origine de Subra; qu'il y retourne, ses concitoyens savent qu'il a été l'objet d'investigations de cette nature, personne ne sait qu'un étranger avait pris son nom; que des renseignements soient demandés sur le compte de Subra : l'autorité locale répondra qu'en 1872 il a été l'objet d'investigations de même nature à propos d'une inculpation de vol. Subra ne peut même pas prouver que son nom a été usurpé. Quelles conséquences peut avoir cette situation ? Des renseignements semblables ont été recueillis sur Subra et sa femme, à Agen, pays d'origine de cette dernière : les mêmes conséquences sont à craindre pour eux. A Bordeaux, la police s'est livrée à des investigations multipliées sur leur compte ; il n'en faut souvent pas davantage pour porter un grave préjudice à un homme qui occupe un poste de confiance. Enfin Durand tenta de s'évader ; s'il eût réussi, contre qui eût été délivré le mandat d'arrêt et qui eût été arrêté ? Subra.

L'élément du préjudice possible existait donc ; dès lors le crime était certain.

Mais si, par des circonstances indépendantes de sa volonté, Durand n'a pas pu prendre, dans le jugement qui l'a condamné, le nom de Subra ; si, après plus de deux mois d'instruction, il a reconnu que ce nom n'était pas le sien, si le jugement seul pouvait mettre le sceau à la *consommation* du crime, n'a-t-il pas tout au moins commis une tentative punissable ? Elle revêt, semble-t-il, tous les caractères exigés par la loi : le commencement d'exécution résulte bien au moins du procès-verbal et des deux interrogatoires subis par lui dans l'instruction, et s'il a dépouillé ensuite cette individualité d'emprunt, c'est bien par des circonstances indépendantes de sa volonté.

L'usurpation du nom d'autrui pour cacher des antécédents compromettants est souvent employée par les voleurs à la tire de profession ; les étrangers, les Italiens notamment, qui ont été l'objet d'un arrêté d'expulsion, ont fréquemment recours à ce moyen de défense. La fraude est quelquefois découverte par une instruction attentive et minutieuse ; le crime n'existera-t-il pas parce que, bien contre son gré, l'inculpé n'aura pu conserver jusqu'au bout l'individualité dont il s'était frauduleusement emparé ? N'est-ce pas comme si on disait qu'il n'y a pas vol parce que la victime a réussi à se faire restituer par le voleur les objets détournés ?

Il faut donc reconnaître que les procès-verbaux, les interrogatoires au cours de l'instruction et les interrogatoires devant les Tribunaux correctionnels, les Cours d'appel et les Cours d'assises ont pour objet de constater d'abord l'identité des individus qui en sont l'objet ; que décliner un faux nom c'est altérer des déclarations que ces actes ont pour objet de recevoir et de constater ; que ce faux est punissable lorsqu'il a été commis avec une intention frauduleuse, c'est-à-dire lorsque celui qui l'a commis a voulu faire peser sur autrui la responsabilité du fait incriminé, ce qui se réalise par l'usurpation du nom d'un individu réellement existant et dont on connaît l'existence.

Cette manœuvre a pour effet de soustraire la personnalité sociale du coupable aux poursuites, au jugement et à la peine. Sa personne est seule atteinte, s'il est détenu, et la personnalité sociale de l'individu dont le nom est usurpé supporte toutes les conséquences sociales d'une poursuite, d'une condamnation, d'une peine qui lui sont étrangères.

REVUE GÉNÉRALE
DU DROIT, DE LA LÉGISLATION
ET DE LA JURISPRUDENCE
EN FRANCE ET A L'ÉTRANGER

DIRIGÉE PAR MM.

BARTHELON
Conseiller à la Cour de Limoges ;

Alph. BOISTEL
Agrégé,
Chargé de cours à la Faculté de droit de Paris ;

Max. DELOCHE
de l'Institut ;

Th. DUCROCQ
Doyen de la Faculté de droit de Poitiers ;

HUMBERT
Sénateur,
Ancien professeur à la Faculté de droit de Toulouse,
Procureur général près la Cour des comptes ;

Edm. LABATUT
Juge d'instruction au tribunal de Castres ;

Joseph LEFORT
Avocat à la Cour d'appel,
Lauréat de l'Institut ;

Fréd. MATHÉUS
Maître des requêtes au Conseil d'État ;

MICHAUX-BELLAIRE
Avocat au Conseil d'État
et à la Cour de cassation ;

Aug. RIBÉREAU
Professeur à la Faculté de droit, à l'École de commerce et d'industrie de Bordeaux.

H. BROCHER
Professeur de droit à l'Université de Genève.

SUMNER-MAINE
Professeur de droit à l'Université d'Oxford, Membre du Conseil supérieur de l'Inde.

AVEC LE CONCOURS D'UN GRAND NOMBRE DE PROFESSEURS, DE MEMBRES DE LA MAGISTRATURE ET DU BARREAU FRANÇAIS ET ÉTRANGER

La **Revue générale du droit** paraît tous les deux mois par livraisons de chacune six feuilles *au moins* grand in-8° cavalier, format de nos grandes revues littéraires, et forme, à la fin de l'année, un fort volume de 700 pages environ, imprimé sur beau papier en caractères neufs.

Le prix de l'abonnement est de **16 fr.** pour la France et les pays faisant partie de l'Union générale des postes. — Pour les autres pays, les frais de poste en sus.

BOISTEL (Alphonse), professeur agrégé à la Faculté de Paris. — *Précis du cours de droit commercial* professé à la Faculté de droit de Paris. 2ᵉ *édition*, revue, corrigée et considérablement augmentée. 1878. 1 très-fort vol. in-8. 14 »

DUCROCQ (Th.), doyen et professeur de droit administratif à la Faculté de droit de Poitiers, etc., etc. — *Cours de droit administratif* contenant le commentaire et l'exposé de la législation administrative dans son dernier état, avec l'analyse ou la reproduction des principaux textes, dans un ordre méthodique. CINQUIÈME ÉDITION, très augmentée, mise au courant de la doctrine, de la jurisprudence, de la statistique, des programmes des cours dans les Facultés de droit et des concours à l'auditorat au conseil d'État et à la Cour des comptes, pour ceux du ministère de l'intérieur, du ministère des finances, de l'administration de l'enregistrement, des domaines et du timbre, aux grades de commissaires et d'aides-commissaires de la marine, d'élèves consuls, etc. 1877. 2 très forts vol. in-8 compactes, contenant la matière d'au moins quatre volumes ordinaires. 18 »

KELLER (F.-L. de), professeur à l'Université de Berlin. — *De la procédure civile et des actions chez les Romains*; traduit de l'allemand et précédé d'une introduction par M. Charles CAPMAS, professeur à la Faculté de droit de Dijon. 1870. 1 beau vol. in-8. 9 »

LEFORT (Joseph), lauréat de l'Institut, avocat à la Cour d'appel de Paris. — *Cours élémentaire de droit criminel*. 2ᵉ *édition*, revue et augmentée. 1879. 1 fort vol. in-8. 8 »

SAVIGNY (de), professeur à l'Université de Berlin, membre de l'Institut de France. — *Le droit des obligations*. Traduit de l'allemand et accompagné de notes, par MM. C. GÉRARDIN, professeur de droit romain à la Faculté de droit de Paris ; et Paul JOZON, député, avocat à la Cour de cassation. DEUXIÈME ÉDITION, revue, corrigée et augmentée. 1873. 2 forts vol. in-8°, sur beau papier vélin. 15 »

THÉZARD (Léopold), professeur à la Faculté de droit de Poitiers. — *Répétitions écrites sur le droit romain*. DEUXIÈME ÉDITION, refondue et considérablement augmentée. 1879. 1 vol. in-12. 5 »

BARD ET ROBIQUET, avocats à la Cour d'appel de Paris. — *Droit constitutionnel comparé*. — La constitution française de 1875 étudiée dans ses rapports avec les constitutions étrangères. 2ᵉ édition, revue et augmentée. 1878. 1 vol. in-12. 4 »

PERROT (Georges), membre de l'Institut. — *Essai sur le droit public d'Athènes* (Ouvrage couronné par l'Académie française). 1869. 1 vol. in-8°. 6 »

PÉTIGNY (J. de), membre de l'Institut. — *Études sur l'histoire, les lois et les institutions de l'époque mérovingienne*. 1851. 3 vol. in-8°. 18 »
Ouvrage couronné par l'Institut (Académie des inscriptions et belles-lettres).

RAMBAUD (Prosper), docteur en droit, répétiteur de droit. — *Précis élémentaire d'économie politique* à l'usage des facultés de droit et des écoles. 1880. 1 vol. in-18 jésus. 3 »

www.ingramcontent.com/pod-product-compliance
Lightning Source LLC
LaVergne TN
LVHW020417060726
842525LV00006B/2116